내 안으로 흐르는 강

내 안으로 흐르는 강

펴낸날   초판 1쇄 2025년 9월 12일

지은이   김주은
펴낸이   서용순
펴낸곳   이지출판

출판등록 1997년 9월 10일
등록번호 제300-2005-156호
주소   03131 서울시 종로구 율곡로6길 36 월드오피스텔 903호
대표전화 02-743-7661 팩스 02-743-7621
이메일   easy7661@naver.com
창작지도 윤보영감성시학교
사진   목인자 외
수묵화   김주은
디자인   김민정
인쇄   ICAN
물류   (주)비앤북스

값 15,000원

ISBN 979-11-5555-263-6 03810

※ 잘못 만들어진 책은 교환해 드립니다.

김주은 감성시집

내 안으로
흐르는 강

이지출판

　김주은 시인을 말할 때 먼저 '자랑스러운 시인'이란 수식을 붙이고 싶습니다. 평범한 우리 일상 속에서 시를 쓰는 분이지만, 그 이면에 조국 독립을 위해 애쓰신 애국지사 후손이라는 점에서 '애국시 시인'이라는 애칭이 더 붙게 됩니다.

　김주은 시인은 제가 국립춘천병원 서무과장으로 근무할 당시 춘천 지역에서 독립운동을 한 애국지사 김경달 할아버지에 대한 글을 적어 와 그 정신을 이어받고 싶다고 했습니다. 마침 서울 북한산 자락에 있는 이준 열사, 조병옥 박사, 신익희 선생님 등 애국지사 열여섯 분의 묘역에 저의 추모시를 설치한 직후여서 더 관심을 갖게 되있고, 감성시를 적어 그 정신을 널리 알리자고 권했습니다.

그 뒤 김주은 시인은 감성시를 열심히 배워 시 속에 할아버지 의병 활동과 일상 속에서 느낀 감동을 함께 담았습니다. 그래서 시인의 시를 읽다 보면 독립운동가 가족으로 살아가는 애국지사의 기운이 곳곳에 배어 있고, 또 가슴 따뜻한 정이 담겨 시 맛을 느끼게 합니다.

앞으로 김주은 시인의 시를 통해 할아버지 김경달 애국지사의 거룩한 나라 사랑 정신이 독자들, 아니 대한민국 온 국민의 가슴에 널리 담겼으면 좋겠습니다. 더불어 시인이 더 멋진 감성시인으로 활동할 수 있게 곁에서 적극 도와 드릴 것을 약속합니다.

2025년 9월
윤보영감성시학교가 있는 '휴이야기터'에서

저는 독립운동가 김경달 장군의 후손입니다. 독립운동가의 후손으로 늘 자랑스럽고 감사하지만, 동시에 제 삶을 돌아보게 만드는 무게이기도 합니다. 장군께서 지켜내신 나라에서 저는 평범한 일상을 살고, 이렇게 시를 쓰고 있습니다.

저의 시는 특별하거나 거창하지 않습니다. 그저 하루를 살아가며 느낀 기쁨과 슬픔, 또 가끔 웃지 않으면 버티기 힘든 순간들을 담았습니다.

조상의 피와 정신을 잇는 일은, 저에게는 지금을 살아내며 진실하게 기록하는 일이라고 생각합니다.

이 시집이 누군가의 마음에 작은 위로가 되고, 잠시라도 삶을 돌아보는 계기가 된다면, 그것으로 충분합니다.

삶은 늘 에기치 않게 흔들리며 때로는 쓰러지고, 다시 일어나는 여정이었습니다. 그 길 위에서 만난 풍경과 사람들, 그리고 제 마음을 스쳐간 작은 숨결들이 '시'라는 이름으로 남게 되었습니다.

이 시집은 화려한 고백이 아니라 조용한 속삭임입니다. 누구의 인생에도 피고 지는 꽃이 있고, 출렁이며 흔들리는 다리가 있으며, 다시 서는 오뚝이 같은 순간이 있습니다. 저는 그 순간들 앞에서 다만 고개 숙여 시를 적었을 뿐입니다.

　윤흥길, 한승원 작가는 제 생활수기 심사평에 "오뚝이 같은 이 여인의 끈질긴 의지에 고개가 숙여졌다"라고 했습니다. 예전에도 그랬듯이 앞으로 어떤 고난과 시련이 와도 글쓰기를 멈추지 않고 오뚝이 정신으로 우뚝 서겠습니다.
　이 책을 펼쳐 읽는 동안 독자님들의 삶과 제 삶이 잠시라도 겹쳐 따뜻한 울림이 되기를 바랍니다.
　끝으로 이 시집을 출간할 수 있게 따뜻한 위로와 큰 가르침을 주신 윤보영 시인님께 진심으로 감사드립니다.

2025년 무더운 여름
목동 서재에서 김주은

● 차례

추천의 글_ **윤보영** 커피시인 · 4
시인의 말 · 6

제1부 첫사랑, 이제야 알았어

샘 · 14   고백 · 15
행복 · 16   첫사랑 · 17
이제야 알았어 · 18   사랑의 비밀 · 19
사랑의 대답 · 20   시인의 뿌리 · 21
그대 빈 의자 · 22   가로등 · 23
사랑합니다 · 24   봄비 · 25
컵 · 26   계단처럼 오르면 · 27
바람 · 28   그리움을 안고 · 29
기다림 · 30   그림을 그리는 이유 · 31
갯바위 · 32   바다 · 33
사랑 저축 · 34   마음 저축 · 35
자화상 · 36   달팽이 · 37
창문 · 38   사랑 중 · 39
고독의 노래 · 40   산책 · 41
인생 · 42

제2부 향기 나는 꽃, 향기 나는 사람

너는 내 마음의 강 • 44

습관 • 46

사랑의 벽 • 47

그대와의 벽 • 48

우물 • 49

초인종 • 50

비밀 • 51

진달래 • 52

화분 • 53

새싹 • 54

향기 나는 꽃 • 55

향기 나는 사람 • 56

기억 • 57

행복 등산 • 58

배우 • 59

벚꽃 • 60

개구리처럼 • 61

구두 • 62

전화 • 63

모자 • 64

가방 • 65

휴식 • 66

그대가 보고 싶을 때마다 • 67

가을이 오는 소리 • 68

장미 • 70

지름길 • 72

골목길 • 73

웃음 • 74

제3부 콩나물 김칫국이 먹고 싶다

고향 • 76

소나무 • 77

메밀묵 • 78

코스모스 • 80

마음에 피는 꽃 • 81

쑥 향기 • 82

내 어머니 • 83

사랑의 온도 차이 • 84

콩나물 김칫국이 먹고 싶다 • 86

아버지 • 88

어머니 • 89

텃밭 • 90

늦은 고백 • 91

우물가에서 • 92

생일 • 93

이름 • 94

가족 • 95

손자 • 96

담쟁이 • 97

꽃반지 • 98

오뚝이 인생 • 99

단풍 • 100

가을 바람 • 101

승복 • 102

포장 • 103

지구 • 104

축구공 • 105

핑계 • 106

기억 • 107

셀카 • 108

제4부 독립운동가 김경달 할아버지를 추모하며

독립운동가 김경달 • 112

평화의 외침 • 115

별 하나 • 116

조국 광복 • 117

태극기 • 118

돌사람 • 120

푸른 소나무 • 121

진달래처럼 • 122

두견새 • 124

달 • 125

햇살 • 126

보호막 • 127

등불 • 128

하늘 • 129

두견새의 넋(수필) • 130

인생에 건배 • 136

강화 갈대밭에서 • 137

출렁다리 • 138

할미꽃 • 139

느티나무 • 140

윤슬 • 142

BTS 아미 • 143

겨울 해운대의 밤 • 144

실레마을 • 145

소양호 뱃터의 기다림 • 146

사랑 잇기 • 147

안개 낀 의암호 • 148

내 고향 춘천 • 149

첫 걸음마 • 150

김유정역 플랫폼 • 152

제1부
첫사랑, 이제야 알았어

샘 | 고백 | 행복 | 첫사랑 | 이제야 알았어

사랑의 비밀 | 사랑의 대답 | 시인의 뿌리

그대 빈 의자 | 가로등 | 사랑합니다 | 봄비 | 컵

계단처럼 오르면 | 바람 | 그리움을 안고

기다림 | 그림을 그리는 이유 | 갯바위 | 바다

사랑 저축 | 마음 저축 | 자화상 | 달팽이 | 창문

사랑 중 | 고독의 노래 | 산책 | 인생

샘

아침마다 마시는 첫 모금의 물
하루를 깨우는 작은 시작이다

지친 저녁
따뜻한 국물처럼
마음을 풀어주는 위로다

늘 곁에 있으면서도
그대 생각처럼
잊고 지나치기 쉬운
우리 삶의 힘이다.

고백

사랑한다고 말하는 건
같이 마신 커피잔 속 설렘
같이 걷는 골목길의 어깨 스침

하지만 오늘은
그 모든 순간을 다 모아
그냥, "좋아해요!"
조금 떨리는 목소리로 말했다.

행복

행복은 거창한 게 아니었다
아침 창문을 열었을 때
바람이 살짝 스쳐 가는 순간

마트에서 장 본 짐을
함께 들며
나란히 걷는 발걸음

늦은 저녁
따뜻한 밥이 놓인 식탁에서
서로 눈 마주치는 웃음

이것이 행복이다.

첫사랑

낮이 밤으로
밤이 다시 낮으로 변해도
변하지 않는 삶의 흔적들

벽시계 너처럼
내 안에 걸린
그리움

그리움 속에서
동행하는
그대 생각!

이제야 알았어

코스모스 하늘거리는 간이역
어쩌다 마주치면
가슴이 두근두근했지

나를 불러 세울까 봐
도망치고
돌아서서 후회했지

그런 내 마음을 알았는지
나에게 좋아한다는
쪽지를 보낸 사람
무엇인지, 알 수 없는
느낌 일렁거렸지

이제야 알았어
그것이
첫사랑이란 걸!

사랑의 비밀

사랑의 비밀은
작은 눈짓 속에 담겨 있고
손끝이 스치며 전해지는
따뜻함 속에 들어 있다

말하지 않아도
웃음이 닮아가고
침묵마저도
둘만의 언어가 된다

아무도 모르게
마음 깊은 곳에서만
자라나는 꽃
그대 사랑으로 풀 수 있는
비밀이다.

사랑의 대답

사랑의 대답은
거창한 말이 아니라

퇴근길에 사 온 따끈한 호빵
비 오는 날 건네는 우산
늦은 밤에도 꼭 받아주는 전화다

나는 묻지 않아도
그대는 그렇게
늘 대답해 주고 있다

사랑의 대답은
비 온 날 우산처럼
곁에 머무는 것이다.

시인의 뿌리

시인은
조용히 단어들을 모아
마음속 깊이 심어 둔다

때로는 눈물로
때로는 웃음으로 가꾼다

시간이 흘러
누군가의 마음에서 꽃으로 핀다

시인의 삶을
든든하게 하는 뿌리가 된다.

그대 빈 의자

그대가 앉았던 빈 의자를 보며
그대를 그리워했습니다

빈 의자를 보며
가슴에 담긴 그리움을
애써 지우고 있었습니다
지우려 한 만큼
마음이 아팠습니다

지금은 빈 의자에
그대 닮은
한 아이가 앉아 있습니다

순간
그리우면 그리운 대로
생각나면 생각나는 대로
살다 보면 된다는 것을
알게 되었습니다

마음이 넉넉해졌습니다.

가로등

밤비 내리는 골목길을
혼자 걷다가
발걸음을 멈추었다

가로등 아래 서서
은은하게 비추는
불빛을 보고 있다

차가운 빗줄기를
따뜻하게 안아준다

그리움이 밀려온다
추억이 밀려온다

숨 가쁘게 달리는
세월, 너도 나처럼
그리움 달래고
천천히 갔으면 좋겠다.

사랑합니다

따뜻한 커피에서
진한 향기가 납니다

당신께서 내민
사랑이라는 걸
지금 알았습니다

나도 당신을
사랑하고 있다는 걸
이제야 알았습니다

사랑합니다.

봄비

봄비는
새싹을 불러내
봄을 따뜻하게 만들고

당신 생각은
보고 싶은 마음을 불러내
일상을 따뜻하게 만들고

봄비가
눈치를 챘나?

봄비가
차가운 줄 알았는데
따뜻하다

마치
당신 생각처럼.

컵

뜨거운 찻잔에
저절로 느껴지는 온기처럼
그대에게
전하고 싶은 마음을 담았다

컵 가장자리에 맺힌 김처럼
말하지 않아도 느껴지는
그대의 따뜻함이
내 마음에 담겼다

아,
사랑이다.

계단처럼 오르면

시인의 마음은 계단
보이지 않는 끝을 향해
한 걸음 한 걸음 오를 때마다
생각과 감정이 쌓이고

때로는 흔들리고 넘어질 듯
내디디는 고독
마지막 계단 위에 서면
꽃이 보인다

그 꽃!
시(詩)가 된다.

바람

괜히
창문을 열었어요

바람이
당신 생각 데려온 거 있죠

스치듯
지나간 바람

그 안에
당신이 있었어요

당신 목소리 듣고
내 마음
잠시 흔들렸어요

이런
나,
아직 젊은 거 맞죠?

그리움을 안고

그리움을 안고
올라가는 길

그곳에
당신이 있겠지요

그 생각에
힘든 줄도 모르고
올라와 보니

내 앞에 행복
당신이
기다리고 있었습니다

올라왔으니
내려가지 말고

당신과
이곳에
머물러야겠어요.

기다림

오늘 밤은
왜 이렇게 적막할까?

똑똑 떨어지는
빗방울 소리가
당신 발소리인가?

오지 않을 기다림은
적막을 깨고
그대를 향해 달린다.

그림을 그리는 이유

어떤 날은 밝고 환하게
또 어떤 날은 어둡고 깊게

완성되지 않아도 좋다
붓을 놓지 않고
계속 그리면 된다

그리다 보면
늘 그랬듯이
그대 웃는 얼굴
만날 테니까.

갯바위

바다는 파도로 말하고
나는 묵묵히 듣는다

말없이 바라보고 있지만
수천 번 무너지고
다시 일어섰다

세찬 바람 불고
파도로 때려도
그 자리 지킬 수 있었던 건

내 안의 당신처럼
내 밖의 당신처럼
사랑보다 더 깊은
기다림 때문이다.

바다

겨울 바다가 보고 싶다

바다를 좋아하다
마음이 바다 같아서
알게 된 사람

그리움을 꺼내 놓고
파도치게 만들었던
그 사람.

사랑 저축

당신과 나
우리 작은 기쁨을
차곡차곡 모으고 있습니다

언젠가
서로가 지칠 때
하나둘 꺼내
웃으면서 힘을 내밀 수 있게.

마음 저축

말하지 않아도
계절의 향기는
내 안에 저절로 담깁니다

봄은 꽃향기
여름엔 물소리
가을은 낙엽
겨울엔 첫눈

차곡차곡 마음에 담았습니다

언젠가
그대를 만나면
마음 열고 달려가

이처럼 기다렸다
알려 주려고.

자화상

네가 웃는 날엔
내 세상에 꽃이 피고
내 하늘에 구름이 걷힌다

내 심장은
언제나 너를 향해
뛰고 있었다

너는 나의 오늘이고
내가 살아가는 이유다

세월이 흘러도
내 심장은
네 이름으로 뛴다.

달팽이

달팽이는
느리지만 멈추지 않는다

커다란 집을 등에 지고
꿈을 향해 가는 길

걸음이 느리고
비바람에 흔들리지만
갈 길을 가는 달팽이처럼

내 발걸음도
멈추지 않고
희망 향해 달린다.

창문

마음은
창문이다

닫혀 있을 때는
세상과 단절했다가
살짝 열리면
바람이 들어와
기분 좋게 만든다

빛과 그림자가 오가는
그 틈 사이로
그대의 웃음이 들어온다

내 마음에
스며든다.

사랑 중

바람이
나에게 다가와
속삭인다

"너 지금
사랑 중이지?"

순간
얼굴이 붉어졌다

그리 감추었는데
어떻게 알았을까?

고독의 노래

아무도 찾지 않는 정원으로
쓸쓸한 달빛이 스쳐 가는 날이면
내 마음에
그리움이 스며든다

그대 생각까지 데려와
더 보고 싶게 만든다.

산책

공원을
천천히 걷고 있다

그렇다고
네 생각도
느리다는 뜻은 아니다.

인생

인생은
바람이다

불쑥 찾아와
일상을 흔들고
때로는 유혹한다

나는
다시 사랑을 얻고
바람처럼 살아간다.

제2부
향기 나는 꽃, 향기 나는 사람

너는 내 마음의 강 | 습관 | 사랑의 벽

그대와의 벽 | 우물 | 초인종 | 비밀 | 진달래

화분 | 새싹 | 향기 나는 꽃 | 향기 나는 사람

기억 | 행복 등산 | 배우 | 벚꽃 | 개구리처럼

구두 | 전화 | 모자 | 가방 | 휴식

그대가 보고 싶을 때마다 | 가을이 오는 소리

장미 | 지름길 | 골목길 | 웃음

너는 내 마음의 강

너는 내 안으로
흐르는 강

봄빛 머금고
여름으로 들어갔다가
가을로 간다

다시 겨울이 와도
나는 너를 향한 길
한 번도 멈춘 적 없다

작은 나무였던 네가
이제는, 가지
굵은 나무가 되었다

하늘을 보는 나무
너를 처음 마음으로 안은

그날을 기억해 내
너를 다시 만난다.

습관

아침마다
창문을 여는 습관은
햇살을 초대하고

아침마다
커피를 마시는 습관은
커피잔에 담긴
그대 모습
떠올리게 하고

습관 속에
늘 웃음이 있다.

사랑의 벽

당신과 나 사이엔
벽이 있다

말을 건네지 못하고
부딪혀 돌아오게 했던

주장을 묶어 놓고
내가 먼저 벽을 허문다

초콜릿처럼 달콤한
그대 눈빛을 만난다.

그대와의 벽

가끔은
꽃잎으로 만든

담장 사이로
그대를 바라보곤 한다

그런데
내 안에서 불러내
바라만 봐도
이리 기분 좋은데

직접 만나면
내가 꽃으로 될지 몰라

그럼 당신
날 알아볼 수 있겠어요?

우물

우물 속에
맑은 하늘이 내려와
조용히 쉬고 있었다

물을 길어
목을 축였지만
깊이가 궁금했다

들여다본 우물 속에
그리움이 담겼다

서둘러 두레박을 올리고
하늘을 본다
더 그립다.

초인종

퇴근길,
낯익은 문 앞에 서서
손끝으로 누르는 작은 벨

딩동!
소리 하나에
아이 발소리가 달려오고
문틈 사이로
밥 냄새가 스며 나온다

그 순간,
세상 어디보다 따뜻한 집이
내 품으로 안긴다.

비밀

비밀은
주머니에 구겨진 쪽지
아무도 모르게 꺼내 읽다가
다시 접어 넣는 마음

비밀은
서랍 깊숙이 넣어 둔 사진
혼자 볼 때만
조용히 웃음을 짓게 하는 기억

비밀은
말하지 않아도
눈빛 하나로 전해지는
내 마음과의 약속이다.

진달래

진달래 피는 봄이면
내 생각은
추억 속으로 떠난다

진달래를 만나고
첫사랑도 만난다

수줍어 붉어진
내 얼굴이
연분홍빛 진달래가 된다

올봄에도 진달래는
만발하였는데
첫사랑 그대는
어디에 있을까.

화분

보라매공원 정원박람회에서
개나리와 피튜니아
나팔꽃까지 샀다

당신을 사랑하듯
화분에 심었으니
꽃이 피면
당신 생각
많이 나지 아마.

새싹

봄날
햇살에
희망이 솟는다

기다림과
그리움을 잡고
생명을 갈망하는 새싹들
하늘을 본다

봄 앞에서
새싹처럼 내 마음도
새롭게 시작한다

내 안에서
그대를 불러낸다

봄이
사랑으로 디자인 된다.

향기 나는 꽃

꽃이 피면 봄이 온다
늦잠 자다가
따뜻한 바람에 깬
허둥지둥 봄

봄이 오면 꽃이 핀다
봄을 좋아했던
네 생각이 피운
향기 나는 꽃!

향기 나는 사람

커피 한잔 곁에 놓고
책을 읽는다
섬처럼 행복하다

행복한 미소가 지어진다
바쁜 일상에서 맞이한
한순간의 여유가 평화롭게 한다

커피를 보면 책을 만나고 싶다
책을 보면 커피를 만나고 싶다
이 둘의 향기가 닮았다

문득 내 향기가 궁금해진다
무엇을 닮았는지
누구를 닮았는지

나도, 향기 나는
사람이었으면 좋겠다.

기억

시간은 흐르고
그 시간에
너의 기억이 지워졌지만

들고 있는 커피잔이
엎질러질 때
지워진 기억이 복원되었다

뜨거운 커피를 쏟고
허둥대던 너!
너를 만났다

내 안에서
따뜻한 바람이 분다.

행복 등산

한 걸음
또 한 걸음
산을 오르고 있습니다

'산 위에
네가 있어!'
그 생각에
경치도 보지 않고
오르고 있다.

배우

배우가 되어
내 안에서
좋아하는 너를 불러내
연기를 한다

내 옆에서
사랑을 받아 주겠다며
손가락 도장을 찍었다

대본을 지우고
지금 순간을
일상으로 만든다

네가 있던 자리에
꽃 한 송이 피었다

아직은
더 사랑해야 하나 보다.

벚꽃

봄바람에
꽃잎이 떨어져
길모퉁이에 쌓인다

꽃잎이 아름다워
내 안에서
그대를 불러낸다

마주 보고 꽃을 피운
벚나무처럼
사랑에 빠진다.

개구리처럼

이젠 나도
노래 부르리라

소중한 삶의 순간을 위해
개구리 너처럼 노래하며
내 꿈속으로 뛰어들리라

그리고
행복을 연주하리라.

구두

늘 나와
함께 걷는 구두

내가 기쁜 날엔
가벼움을 느끼고
슬픈 날엔
무거움을 느꼈겠지

오늘도
따라나서는 구두

구두는 안다
집을 나서는
내 느낌 보고
가벼울 거라는 사실을.

전화

전화벨 소리를 듣고
가슴이 달려갔다

가는 동안
그 짧은 순간에도
가슴이 뛰었다

이 얘기
저 얘기 나누는 동안
용기 없어
보고 싶다는 말 못했던
나를 만난다

그때나
지금이나
용기 없기는 마찬가지

그리 기다리면서
아직도 전화를 못 걸고
가슴만 두근두근.

모자

햇볕 뜨거운 날엔
모자를 씁니다

모자를 쓰면서
모자 하나를
더 쓸 때가 있었습니다

내 속마음 알지 못하도록
깊이 눌러쓴 모자!

세상이 너무 커
숨어 버리고 싶은 마음
보이지 않게
가리고 싶어서입니다

늘 웃고
늘 행복해하는 나에게
그런 날이 있었다는 건
아무도 몰랐을 겁니다

그게 강한 나고
이게 약한 나인데.

가방

너는 항상 내 어깨에
매달려 다니지
가끔 손에도 들리고

어느 날엔 네가 무거워
부담스러울 때도 있지만

또 다른 가방이
그 무게를 줄여 줘

그래서
좋아.

휴식

그냥
오늘은
그냥 쉬고 싶다

멍때리기 하다가
곁에 찾아온
평온을 만났다

행복 에너지
충전.

그대가 보고 싶을 때마다

여름에는
얼굴에 화장하는 것이 싫다
날씨가 더우면
땀에 얼룩이 지니까
맨얼굴이 좋다

오늘도
날씨가 더워
화장기 없이
외출 준비하다가
거울을 보았다

핏기 없는
내 얼굴을 보는 순간
"화장한 모습이 더 예뻐"
하며 손거울을 건네준
그대가 생각났다

손거울을 보며 화장한다
따뜻한 사랑을 만난다.

가을이 오는 소리

태풍이 지나간 후
청량한 바람이 불면
가을이 오는 소리

살갖을 스치는 산들바람
피부로 느끼면
가을이 오는 소리

귀뚜라미 울음소리에
귀 기울이면
가을이 오는 소리

밤하늘 총총 은빛 속삭임에
가슴 설레면
가을이 오는 소리

파란 하늘에
하얀 뭉게구름 행렬을 보면
가을이 오는 소리

뭉게구름 사이로 방긋 웃는
그대 모습이 보이면
내 가슴에 가을이 오는 소리.

(통문, 우수상)

장미

높은 담장 아래
아름답게 핀 가을 여인아!

무더위와 가뭄도 잘 이겨내고
가슴에 향기를 품은
그대의 붉은 자태는 참 아름답다

그대의 열정, 기쁨, 욕망을
소슬바람에
하나둘 묶어 떠나보내고
강한 여심만 날카롭게 세웠구나

그대 떠난 후
가을 풍경을 보면
그대 모습 그리워
외로움이 밀려온다

다시 만날
그날을 위해
연민으로 그리움을 지우고

시인처럼 그대를 생각하는
감성의 계절
가을을 예찬한다.

(샘문학 신인상)

지름길

지름길은
빠르게 가는 듯 보여도
힘든 과정과
어려운 선택을 지나야 한다

삶의 지름길엔
상처와 후회도 묻어 온다

돌아가는 길이 멀어도
그 길을 지나면서
우리는 성장하고
더 단단해진다

그래서 나는
삶의 무게와 시간을
느낄 수 있는 길을 택했다

그래서일까?
웃는 얼굴이 보인다.

골목길

좁은 골목길
낯익은 집 사이로 걷는다

담장 위 고양이 한 마리
바람에 흔들리는 빨랫줄
소소한 하루가 숨 쉬는 곳

골목길은
내 마음을 담아
일상 속으로
다시 나를 걷게 하는
행복한 풍경이다.

웃음

네 웃음은
내 마음에 작은 별이고
아침 햇살처럼
방안을 채우는 행복이다

그러니
너는 웃어야 하고
나는
그 웃음을 보아야 한다.

제3부
콩나물 김칫국이 먹고 싶다

고향 | 소나무 | 메밀묵 | 코스모스

마음에 피는 꽃 | 쑥 향기 | 내 어머니

사랑의 온도 차이 | 콩나물 김칫국이 먹고 싶다

아버지 | 어머니 | 텃밭 | 늦은 고백

우물가에서 | 생일 | 이름 | 가족 | 손자 | 담쟁이

꽃반지 | 오뚝이 인생 | 단풍 | 가을 바람

중복 | 포장 | 지구 | 축구공 | 핑계 | 기억 | 셀카

고향

골목길, 무궁화꽃, 별빛
숨바꼭질, 할머니 옛날이야기
그리고 친구들!

지금도 그리움을 열면
웃으면서 달려 나오는
옛 추억

오늘따라
고향이
많이 그립다.

소나무

고향 집에 가면
앞뜰과 뒷동산에
소나무가 늘어서 있다

추석 명절이면
어머님은 뒷동산 솔잎으로
송편을 만들어 주셨다

지나고 보니
고향 소나무와 어머님은
향기가 닮았다

나도 솔향처럼 살고 싶어
마음에 슬쩍
소나무 한 그루 심었다.
어머니 생각으로 심었다.

메밀묵

하얀 추억이
그리워지는 오늘
유난히 엄마가 만든
메밀묵이 먹고 싶다

설 명절이나
집안 행사가 있을 때마다
엄마는 메밀묵을 만드셨다
가마솥에 불을 지피고
부뚜막에 앉으셨다

메밀가루가 눋지 않게
쉼 없이 주걱으로 저어
걸쭉해진 묵죽이 된다
다시 식히면
탱글탱글한 메밀묵이 된다

따뜻한 육수에
묵을 썰고 신김치 썰어
묵밥을 만들어 주시면
맛있게 먹었다

손이 많이 가는 묵을
애써 만들어 주셨던 엄마
당신이 그리운 만큼
가슴이 더 따뜻해지는
엄마 사랑.

코스모스

어머니와 걷는 둑길에
코스모스가 피었다

밤새 내린 안개비에
꽃잎이 젖었다
무게를 못 이기고
쓰러진 코스모스를
어머니가 세워 짚으로 묶었다

세월이 지난 지금
돌아보니
세워 준 것은
코스모스가 아니라
어머니 곁에 있는 나였다

연약한 나를
강하게 키워 주신 어머니!

코스모스를 보면
어머니 큰 사랑이 보인다.

마음에 피는 꽃

내 마음엔
웃음꽃
사랑꽃
행복꽃

그리운
어머니 모습이
꽃으로 피어 있다

한세월 지나도
변함없는 사랑으로 피어 있다.

쑥 향기

쑥을 보면
어머니가 생각난다

쑥으로 많은 추억을
만들어 주신
어머니!

한세월 흘러도
쑥 향기는
어머니 그리움에 꽂은
행복 충전기!

내 어머니

내 앞에 날아온
노란 나비
"그 사람
생각하고 있지?"

어떻게 알았을까?
꽃이 나비를 기다리듯
나도 어머니 생각 중인데

어쩌면
어머니 계신 곳
알고 있을지 몰라
나비 따라나서야겠습니다.

사랑의 온도 차이

입춘이 지났는데도 칼바람이 분다
겨울은 봄을 시샘하다가
다하지 못한 추위로 앙탈을 부리나 보다

추워서 몸을 움츠리고
종종걸음으로 가고 있지만
마음은 어린 시절
어머니 따뜻한 품속으로 가고 있다

초등학교 시절
꽃샘추위로 몸살이 났었다
열이 나는 머리에
물수건을 얹고
어머니는 따뜻한 가슴으로
꼭 안아 주셨다
어머니 품에서 자고 나면
아픈 몸이 나았다

결혼하고 자식을 낳아
그 아이가 아플 때
두렵고 안타까워 가슴이 서늘했다
어머니도 이랬을 거야
엄마가 되어서 알게 되었다

어머니는 돌아가셨지만
어머니의 따뜻한 체온은
여전히 내 몸을 감싸 안고 있다

어머니가 주는 사랑과
자식이 되어 받는 사랑이
다르다는 것을 알았다.

나도 이제 어머니다
어머니의 어머니가 되어
엄마의 기억을 감싸 안는다.

가슴이 따뜻하다.

콩나물 김칫국이 먹고 싶다

한겨울 혹독한 추위
잘 보내고
따뜻한 봄이 왔는가 싶었는데

꽃샘추위 칼바람을 맞고
몸이 으슬으슬 떨리더니 콕콕 쑤셔
쌍화탕을 사 먹고 누웠다

목이 아파 음식을 먹지 못해
배가 고프고 속이 쓰리다
콩나물 김칫국 생각에
속이 더 쓰리다

어린 시절 몸살이 났을 때
어머니가 끓여 주셨던
시큼하면서도 칼칼한
그 콩나물 김칫국이 먹고 싶다

윗방 시루에
콩나물을 한 줌 뽑고

뒤뜰 항아리에
배추와 무를
숭덩숭덩 썰어서
담근 김치를 바가지로 퍼다
멸치 한 줌 넣고 펄펄 끓인 국을
먹고 땀 흘리며
푹 자고 나면
몸살감기가 사라졌다

오늘은 아픈 만큼
어머니께서 사랑으로 끓여 주셨던
보약 같은, 그 콩나물
김칫국이 먹고 싶다

어머니, 그립습니다.

(샘문학 신춘문예 당선작)

아버지

온종일
비가 내린다
어릴 적 추억으로 내린다

논과 밭에
농작물 피해를 막으려고 애쓰시던
아버지 모습 담고 내린다

빗방울 소리에 창문을 열었더니
뽀얀 안개 속에
그리움이 어른거린다

창문 넘어 빗방울은
아버지 사랑 담고
내 가슴으로 뛰어든다

든든한 버팀목이 되어 주셨던 아버지
빗방울 수만큼 많은
그 사랑에 빠졌다.

어머니

노트에
당신이 보고 싶다고 적었어요
당신을 사랑했다고도 적었어요

당신만 볼 수 있게
내 가슴에
꼭꼭 눌러 적었어요

그래서일까요?
늘
어머니 당신이
그리워요.

텃밭

어머니 텃밭에는
내가 좋아하는
고추가 주렁주렁

내 마음의 텃밭에는
늘 그리운
어머니 모습이 주렁주렁.

늦은 고백

시간 속에 접어 둔
당신 모습

당신이 보낸
작은 상자 안에
나와 함께 있습니다

기억, 저편에
묻어 둔 줄 알았는데
그 모습 그대로 다가와
손을 잡습니다

"사랑합니다"
이 말 꺼내는데

세월이 이만큼 흘러
더 아쉽게 다가옵니다
행복합니다.

우물가에서

어릴 적 우물은
하늘을 품은 놀이터였다

두레박을 내리다가
내 그리움도 이처럼 깊었으면
그 생각에 웃었다

우물도 웃고
물맛은 더 좋고.

생일

오늘은 내 생일
모두 축하해 준다

촛불 앞에서
소원을 빌고
촛불을 껐다

늘어나던 나이가 지워지고
근심이 사라진다

매일
생일이라면….

이름

오늘도
네 생각이
가슴에 찾아와

"보고 싶다"
이러는 거 있지

그 생각
다녀간 자리에
네 이름을 적었어

다시
다시 찾아올 수 있게.

가족

아무 말
하지 않아도
내 마음을
알아주는 사람

세상이
등을 돌려도
내 곁을
지켜주는 사람

늘 내 편 되어 준 당신
내 일상에
등불 같은 당신이 있어
행복합니다.

손자

작은 웃음은
어둠 속에서 불을 켜는 등불
내 마음을 다시 젊게 만든다

작은 손을 잡을 때마다
내일을 살아갈 이유가 자란다

손자는
세월이 지워간 내 희망을
다시 피워 내는 봄!

"할머니~" 부르며
달려와 품에 안길 때
내 안에서 봄이 꿈틀댄다.

담쟁이

꽉 막힌 벽을
절망이라 말하지만
담쟁이에겐
오를 수 있는 희망입니다

급한 경사에
다들 불가능하다고
얘기해도
담쟁이는 말없이 올랐고

다 오르고 나서
담쟁이와 벽은
서로에게 말했습니다

"너는
나의 희망이야."

꽃반지

그대가 만들어 준 꽃반지 끼고
손가락 걸어 약속했지
꽃잎에 비밀 담았지

꽃잎은 언젠가 시들어도
그날의 따뜻한 마음은
내 안에서 영원히 꽃으로 피어
조용히 감싸 안았다

안을 때마다
따뜻했다
싶은 사랑을 느꼈다.

오뚝이 인생

내 삶은 오뚝이다
쓰러졌다가도
오뚝이는 그냥 일어서지만
나는 쓰러질 때마다
더 단단해진다

그게 내 삶이고
이게 내 인생이다.

단풍

우리 인생도
저물어갈수록
더 깊어지는
단풍이다

아니
지금 나다.

가을 바람

가을 바람
짙푸른 벌판에
노란 빨간 옷 갈아입히고

건들거리며 내게 다가와
옷소매 잡더니
인생길 함께 가자고 한다

익어 가는 오곡백과처럼
나도 흐르는 세월에 담겨
해바라기 씨앗처럼 익어 가야지.

중복

중복(中伏) 날
핑계 대고
그대 생각이
중복(重複)되었으면 좋겠습니다.

포장

사랑한다
말도 못 하고
괜찮은 척 웃으며 보내다가

그 마음
예쁘게 담아
내 안에 두었다

그때 못한 말
다시 전할 수도 없어
내 앞에 꺼내 놓고
그때보다 더 예쁘게
사랑으로 포장만 하고 있다.

지구

끝없이 도는 푸른 공처럼
지구는 희망이다.

밤이 지나면 아침이 오듯
상처 속에서도 새잎을 틔우는 힘
그것이, 내가
지구에게 배운 희망이다.

축구공

발길에 차이고
흙먼지가 묻고

때론 구르고
또 때론 방향 없이
날아가는 축구공

멀리 날아갔다가
너에게 닿지 못한 채
다시 제자리로 돌아오는
나도 축구공.

핑계

핑계가
거미줄에 걸렸다

이제
핑계가 없다

사랑
받아들여야겠다.

기억

고향마을
정자나무 아래서
조용히
숨을 고른다

고향을 올 때마다
늘 이곳에 앉아
그리움을 꺼내고
너를 만난다.

셀카

선유도에서
노을을 등지고
사진을 찍는다

그 순간
노을 앞에 선 마음
꽃이다
꽃!

제4부
독립운동가 김경달 할아버지를 추모하며

독립운동가 김경달 | 평화의 외침 | 별 하나 | 조국 광복

태극기 | 돌사람 | 푸른 소나무 | 진달래처럼 | 두견새

달 | 햇살 | 보호막 | 등불 | 하늘 | 두견새의 넋 | 인생에 건배

강화 갈대밭에서 | 출렁다리 | 할미꽃 | 느티나무 | 윤슬

BTS 아미 | 겨울 해운대의 밤 | 실레마을

소양호 뱃터의 기다림 | 사랑 잇기 | 안개 낀 의암호

내 고향 춘천 | 첫 걸음마 | 김유정역 플랫폼

내 안으로 흐르는 강

독립운동가 김경달

강원도 춘천에
어려서부터 심성이 착하고
효성이 지극한 사람이 있었으니
마을 사람들은 이 사람을 김효자라 불렀습니다
김효자는 새로운 음식이 있으면
부모님은 물론 조부모님께 먼저 드렸고
따로 사는 형에게도 음식을 꼭 보내어
형이 먼저 음식을 먹어야 수저를 들었으며
계절 의복도 윗사람이 입은 것을 보고 나서야
옷을 갈아입을 만큼 효와 우애가 극진했습니다
학자 집안 자손답게 속된 말은 입에 담지도 않았고
경박한 행동은 더더욱 하지 않았습니다
그런 당신께서 딱 한 번
불효하고 우애를 저버리는 일을 하고 말았습니다
김경달 장군은 명성황후 시해사건이 발생하고
일본의 침탈 행위가 이어지자
이에 분개하여 도탄에 빠진 나라를 구하기 위해
의병으로 나서야 하는데, 가족들 걱정에
많은 갈등으로 고민하고 있을 때
나라의 충성심이 남다르고 학식과 의기가 빼어난
부인 허씨께서
부모 자식 걱정하지 말고 빨리 의병으로 참가해서

힘껏 싸워 성공하여 돌아오라고 하였습니다
김경달 장군은 아내의 말을 듣고 용기를 얻어
나라가 없으면 부모 형제도 지킬 수 없다며
자리를 박차고 일어나 의병으로 나섰습니다

춘천시 남면 가정리 여의내골에서
폭약과 탄약을 만들고
여러 곳에서 외적에게 항거했습니다
중국 남만주에 독립군으로 편성된 부대
백서농장 3중대장으로 낮에는 농사짓고
밤에는 군사 훈련을 했습니다
의병대장 김경달은 적병과의 전투에서
전세가 기울어 군사들이 모두 흩어졌을 때
당신께서는 좌절하지 않고
독립불구(獨立不懼)의 정신으로 홀로 우뚝 서서
적과 끝까지 싸우다가 포로가 되었습니다
그 용기와 기백에 감탄한 적군들이
"우리 편이 된다면 죽이지 않겠다"고 회유하였으나
큰 소리로
"나라의 원수를 갚기 위해 나섰다가 불행하게 잡혔으
니 죽는 것이 당연하거늘, 어찌 너희에게 붙어살기를
도모한단 말이냐?"

오히려 크게 호통을 쳤습니다.
적군이 여러 차례 공포탄을 쏘아가며 회유하였지만
장군은 안색조차 변하지 않고 도리어
"너희들이 감히 나를 희롱하다니,
내가 죽음을 두려워하는 사람이더냐?
죽이려거든 빨리 죽여라!"
하고 꾸짖자 적군이 총을 쏘았고
김경달 장군은 장렬하게 전사하셨습니다

아! 장하다
의병대장 김경달!
호랑이 장군이라 불렸던 당신은
조국 독립을 향한 간절한 염원을 가슴에 담고
오래전에 조국의 넋이 되셨지만
당신의 큰 뜻은 그대로 남아
우리에게 그 순결함을 다시 돌아보게 합니다
당신이 그림자마저 자랑스러워하며
우리도 장군님처럼
나라 사랑 정신 실천하며 살겠습니다.

평화의 외침

김경달 장군님!
당신 발자취를 찾아
하염없이 걸었어요

걷다가 걷다가
당신 흔적이 담긴
목소리를 만났어요

언제 들었을까?
귀에 익은 소리
"대한 독립 만세!"

의병대장 김경달 장군님!
당신께서 하늘로 가시는 날
소망으로 들었을 소리!

꿈에서라도 뵙고 싶은 당신
당신의 꿈이었던
"대한 독립 만세!"

우리도 큰 소리로 외칩니다.

별 하나

수많은 별 중에
별 하나 유난히 반짝인다

밝게 빛나는
저 별
독립운동가 김경달 님!

당신께선 왜 별이 되셨나요?
해방된 민족의 행복을 보려고
별이 되신 거죠?

환란이 지나간 하늘에
평온한 밤을 밝히신 당신!

유난히 고요한 오늘 밤
당신 덕분에
잘 사는 대한민국에서
별처럼 마음이 밝기만 합니다.

조국 광복

조국 광복!
그날을 기억하는
태극기와 하늘

눈빛으로 말하고
소리 내 펄럭입니다.

태극기

하얀 바람결 위에
그대의 숨결은 깃발처럼 나부꼈다

붉은 피는 조국의 사랑이었고
푸른 숨은 겨레의 희망이었다

검은 건곤감리는
그대 발걸음을 지켜 낸 길이 되어
어둠 속에도 방향을 잃지 않았다

쓰러져도 다시 일어서는 깃발처럼
김경달 장군의 뜻은
오늘도 하늘 높이 펄럭인다.

돌사람

비바람 몰아쳐도
움직이지 않는 바위처럼
그대는 제자리를 지킨 돌사람

칼끝이 스쳐도
흔들리지 않는 얼굴
세월의 풍화마저도
뜻을 꺾지 못했다

돌처럼 차가운 침묵 속에서도
가슴엔 불길 같은 희망을 품어
조국의 새벽을 기다린 사람

김경달 장군이여
그대는 무너져도 남는 형상
영원의 증언자가 된 돌사람이다.

푸른 소나무

겨울 눈보라에도 꺾이지 않고
여름 뜨거움에도 그늘을 내어준 나무
그대는 민족의 숨결을 지켜 낸 소나무

뿌리는 땅속 깊이 독립의 염원을 품고
줄기는 하늘 향해 꿋꿋이 뻗어
어둠 속에서도 길을 밝히는 기둥이 되었다

칼바람 몰아쳐도 꺾이지 않는 가지처럼
그대의 뜻은 시대를 넘어 서서히 퍼져
오늘 우리의 바람 속에 여전히 살아 숨 쉰다

김경달 장군이여,
그대는 푸른 소나무,
민족의 겨레를 품은 영원한 기상이다.

진달래처럼

찬 바람에도 가장 먼저 피어
봄의 소식을 알리듯,
그대는 어둠 속에서
희망을 가장 먼저 밝혀 낸 꽃

붉디붉은 꽃잎은
조국을 향한 피와 눈물이었고
산자락에 가득 번진 향기는
민족의 가슴을 흔든 울림이었다

쓰러져도 다시 피어나는 진달래처럼
김경달 장군의 뜻은 꺼지지 않고
우리의 봄 동산에
붉게 피어나고 있다.

두견새

어둠 짙은 산자락에
가슴을 찢는 울음으로 새벽을 부른 새
그대는 두견새

목이 터지라 부른 그 노래는
조국을 깨우는 피의 기도였고
밤하늘에 메아리친 절규는
겨레의 심장을 흔드는 북소리

몸은 지쳐 쓰러져도
그 울음은 멈추지 않고
새벽을 불러냈다

그대는 두견새
독립을 노래하며
조국의 아침을 연 영혼!

달

깊은 밤 어둠 속에서도
하늘 끝을 밝혀 주던 그대
민족의 길을 비추는 달빛

흐린 구름에 가려져도
빛을 잃지 않고
숨어 있어도 언제나 거기에서
조용히 우리를 지켜보았다

태양의 뜻을 받아
밤하늘을 환히 밝힌 달처럼
김경달 장군의 삶은
겨레의 마음에 길을 놓았다

오늘도 우리는
그대의 빛을 따라 걸으며
새벽을 기다린다.

햇살

긴 밤을 헤치고 스며든 빛
그대는 어둠을 가르며 온 햇살

차가운 땅 위에 내려와
얼어붙은 마음을 녹이고
희망의 씨앗에 온기를 불어넣어
다시 일어날 힘을 주었다

세상에 따스함을 나눈 그 길
그 빛은 꺼지지 않고
지금도 겨레의 하늘에 머문다.

그대는 민족의 햇살
조국의 새날을 연 불멸의 빛이다.

보호막

햇볕이 뜨거운 날에도
비가 쏟아지는 날에도
늘 우리를 지켜 주었지요

작은 그림자 하나로
얼굴을 가려주고 길을 안내하며
조용히 숨 쉴 공간을 만들어 주었지요
지금도 느껴지는 든든함

김경달 장군님!
그대는 모자처럼
우리 삶의 한 켠을 지켜 준
따스한 보호막이 되어 주셨어요.

등불

밤길이 아무리 깜깜해도
그대가 남긴 작은 불빛이 있어
우리는 한 걸음씩 걸어갈 수 있었어요

바람에 흔들려도 꺼지지 않고
때로는 그 빛이 흔들리며
우리 마음도 함께 떨렸지만
그래도 길을 잃지 않게 했어요

멀어진 듯 보이는 등불 하나
그 속에서 우리는 희망을 배웠어요

그대는 우리 민족의 등불
김경달 장군님 당신은
희망의 길을 밝히는 빛입니다.

하늘

끝없는 어둠 속에서도
빛을 감추지 않고
우리 마음까지
조용히 품어 준다

누구든 머리를 들게 하고
숨을 고르게 한
김경달 장군님!
당신은
늘 빛과 바람을 품은 존재.

두견새의 넋

이른 아침에 벚꽃이 활짝 핀 길을 걷고 있었다. 까치 한 마리가 나무에 앉아 "깍깍깍깍" 울다가 "푸드득" 나뭇가지를 흔들어 놓고 날아갔다. 여린 꽃잎이 사르르 지는 모습이 마치 눈이 오는 것 같았다.

아침에 까치가 울면 어머니는 "반가운 손님이 오려나" 하시며 옷깃을 여미고는 손님 맞을 준비를 하듯 대문을 활짝 열어 놓으셨다. 내게는 찾아올 손님은 없고 혹시 반가운 소식이 오지 않을까 하는 기대감에 마음의 문을 열었다.

일전에 춘천문화원 직원이 가정리(里) 의병마을 유적지에 걸어 놓을 의병 김경달 장군의 초상화가 필요하다고 전화를 했다. 여동생한테 어디에 있나 찾아보라고 했더니, 오후에 초상화와 한문으로 적힌 빛바랜 책들을 찾았다고 전화가 왔다.

십여 년 전 아버지는 자신이 못 배운 탓이라며 경달 할아버지의 뜻을 제대로 모셔 드리지 못했다며 할아버지의 초상화와 한문으로 쓴 책들을 가슴에 꼭 끌어안고 오지 못할 길을 떠나셨다. 아버지가 돌아가신 후 유품을 정리할 때, 경달 할아버지의 모든 것을 상자에 담아 다락에 올려놓았다.

아버지는 우리가 재산이 많은 양반가 학자 집안이어서 책과 문서를 많이 쌓아놓고 살았다고 말씀하시곤 했다. 경달 할아버지가 돌아가신 후, 이웃에 사는 유씨 집안 사람들이 경달 할아버지가 쓰신 책들을 빌려 달라고 하자 아버지는 글을 모르는 탓에 중요한 것인지도 모르고 빌려 주셨다. 빌려 간 책들을 몇 달 만에 가져오기도 했고 돌려주지 않아 없어진 책도 있다. 또 교수들이 와서 달라고 하면 그냥 주기도 했다. 뒤늦게 중요한 책들이라는 것을 알고 배우지 못함을 한탄하며 평생을 사셨다.

그뿐만 아니라 글을 모르니 재산 관리도 못하여 남들에게 눈뜨고 도둑맞은 격이 되어 뒤늦게 안타까워하셨다. 때문에 우리 가족 모두 고통 속에서 살아왔다. 나라를 지키겠다고 가정을 버리고 가신 할아버지를 원망도 했다. 아픔을 잊으려고 꽁꽁 묶어 놓았던 경달 할아버지의 초상화를 꺼내어 보니 아버지의 눈물로 얼룩져 있었다. 울컥 화가 치솟아 목이 터질 것 같은 통증을 느꼈다. 순간 더이상 아파만 하지 않겠다는 다짐을 하게 되었다.

2011년 춘천문화원에서는 《가정리 의병마을》이라는 책 130쪽에 '의병 김경달의 묘를 잘못 썼는지 집안이 완전히 잘못됐다'는 글을 실었다. 이외에도 사실과 다른 기록들이 여기저기 실려 있었다. 그걸 볼 때마다 가슴이 미어졌다.

나라에서 의병장 김경달의 공훈을 제대로 살펴 영혼을 위로하는 뜻에서 자손들이 겪고 있는 억울한 일들의 진실을 밝혀 주길 간절히 바라는 바다. 진실은 묻히는 법이 없이 꼭 밝혀지리라 믿는다.

1991년 정부로부터 공훈을 인정받은 건국훈장, 애국장인 훈장증과 공로가 적힌 빛바랜 여러 권의 책이 있다.

의병장 김경달 할아버지에 대하여 『매천야록』 권50 523쪽에 쓰여 있는 글의 내용이다.

경기도 양평에서 외적과 싸우셨으나 싸움에서 패배하여 여러 군사들이 흩어져 도망갔다. 경달만 홀로 우뚝 서서 총을 쏘았으나 적병들이 경달을 체포하였다. 경기도 가평읍에 도착하자 묶은 끈을 풀어 주었다. 경달을 회유하기를, "우리에게 항복하여 함께 일하면 전화위복이 된다"고 하였다.

경달이 큰 소리로 꾸짖기를, "나는 나라를 위해 원수에게 보복하며 중화를 도와 일으키고자 한다. 난적을 전멸해서 우리들의 올바른 의리를 정정당당히 펼치지 못함이 한이다. 어찌 너희 적들에게 붙어살기를 도모한단 말인가?"라고 하였다.

적들이 말하기를, "너를 쏠 것이니 등을 돌리고 서서 총알을 받아라"라고 겁을 주었지만, 경달이 등을 돌리고 꼿꼿하게 서 있었는데 안색이 변하지 않았다.

적들이 허공에 발포하자 경달이 꾸짖기를, "죽이려면

빨리 죽여라. 너희들이 어찌 감히 나를 희롱하느냐? 내가 죽음을 두려워하는 사람이냐?"라고 하였다.

적들이 거듭 회유하였으나 경달은 듣지 않았다. 또 적들이 허공에 총을 쏘아 세 번째로 회유하여도 끝끝내 듣지 않고서 더욱 세차게 꾸짖자 적들이 총을 쏘았다.

아들인 수득 할아버지께서 시체를 거두어 간 곳에는 핏물이 낭자하여 보는 이들이 통곡하며 훌륭한 장군이 가셨다고 슬피 울었다고 한다. 인가에서 멀리 떨어진 깊은 산 중턱에 장례를 치르자 산 능선에는 피를 뿌려 놓은 듯 진달래꽃이 붉게 붉게 피어올랐다.

뒷동산에 피는 진달래는 경달 할아버지의 붉디붉은 피가 지금도 멈추지 않고 흘러 꽃을 피우고 있는 것 같아 가슴이 저려 온다.

어릴 때는 꽃을 따 먹었지만, 지금은 경달 할아버지의 혼이 담긴 꽃인 듯 여겨져 차마 먹지 못하고 내 가슴에 늘 진달래꽃을 피워 내고 있다.

수득 할아버지는 아버지인 경달 할아버지의 장례를 치르자마자 곧바로 상복을 입은 채로 의병으로 나서 싸우시다 피를 토하며 돌아가셨다. 아버지도 나라를 지키겠다며 8년이나 군 복무를 하셨고, 6·25전쟁 때 포로가 되어 온갖 고문을 받은 후유증으로 평생을 청각장애인으로 사셨다. 아버지는 독립운동가 자손이라 학교에 갈 수 없었다. 또, 할아버지가 일찍 돌아가셔서 가족들을 돌보느라 배우지 못하셨지만, 나쁜 말은 입에 담지도 않으셨고

항상 남에게 배려하는 마음으로 어질고 착하게 사셔 마을 사람들은 법 없어도 사실 양반이라고 하셨다.

그런 아버지가 의병장 경달 할아버지가 생각나면 집 앞에 서 있는 느티나무 아래서 가슴을 움켜잡고 줄담배를 피우셨다. 언제부턴가 그 나무에 두견새가 앉아 함께 울고 있었다. 뜻을 다 이루지 못하고 원수의 총탄에 쓰러진 경달 할아버지의 넋이 아니었나 싶다.

독립 염원이 물든 진달래꽃이 필 때, 두견새는 슬피 울다가 울어지지 않으면 피를 토해 가며 운다고 한다.

많은 세월이 지나간 지금에도 두견새처럼 울부짖는 선열의 유가족이 있다. 바라건대, 나라를 위해 싸우다 순국하신 애국자들의 유가족을 외면하지 말았으면 한다.

관리를 제대로 하지 못해 다 허물어져 가는 묘를 보면서 마음이 아파 국립묘지로 이장을 하려고 서류 준비를 하던 중에 할아버지 꿈을 꾸었다. 어머니가 생전에 다니시던 절 주지 스님께서 할아버지의 묘를 바라보며 빨리 나오라는 손짓을 했다. 경달 할아버지께서 밖으로 나와 아무 말도 하지 않고 바로 옆에 생가였던 집으로 들어가셨다. 꿈에서 깨어 한참을 생각해 보았다. 육신이 썩어서 뼈만 앙상하게 남았지만, 가족들과 함께했던 생가에 묻히고 싶다는 뜻인 것 같다. 이제라도 생가였던 곳에 모시는 것이 혼백을 위로하며 보답하는 길이라는 생각이 들어 꼭 그렇게 해드리고 싶다.

김효자라 칭할 만큼 가족을 끔찍이 사랑하셨지만, 더 중요한 것은 나랏일이라며 물불을 가리지 않고 해내셨던 분이다. 나라에서 생가였던 곳에 묘를 이장해 주고 공적비를 세워 주길 간절히 바란다.

할아버지께서 당당하게 정의를 위해 싸우셨던 모습을 담은 책을 내어 영혼을 달래 드리고 싶다. 그러면 글을 몰라 답답해하셨던 아버지께서 한이 풀려 기뻐서 함박 미소를 지으며 의기양양 할아버지를 따라 다니실 것이다.

의병 장군 김경달 할아버지께서 죽음을 두려워하지 않고 정의에 대항하였듯이, 나 또한 거짓의 가면을 쓴 자들이 스스로 가면을 벗도록 정의를 위해 온 힘을 기울이겠다. 두견새의 넋을 위로하면서….

인생에 건배

들고 있는 잔에
오늘이 보인다

실수와 후회
웃음과 눈물

그 순간들이
지치지 않는
배움으로 담겼다

더 멋진 내일을 위해
나는 오늘도 배운다
"건배!"

강화 갈대밭에서

갈대는
불어가는 바람에
흔들리고

나는
불어오는 달콤한 일상에
흔들리고.

둘 다
표정이 밝다.

출렁다리

한 발 한 발
내디딜 때마다
다리가 흔들린다

흔들림은
곧 마음의 떨림

그 흔들림 속에도
나를 잡아 주는 중심
당신이 있다.

할미꽃

바람에 흔들리며
할미꽃이 웃는다

다시 바라보니
아름답게 나이 들어가는
내 얼굴이다.

느티나무

고향집
앞마당 느티나무 아래 서면
아버지 생각이 난다

아버지는
김경달 할아버지가
그리울 때
느티나무 아래 서 계셨다

세월의 숨결
굵어진 가지마다
아버지의 지난날이 걸려 있다

느티나무는
세월을 잊은 채
오늘도 나를 기다린다.

윤슬

한강 위 윤슬에
거울처럼
내 모습 비친다

여전히
설렘이다.

BTS 아미

무대 위를
한 명 한 명 지나갈 때마다
내 마음은
공중 부양 중
결국 소리까지 지른다

포토카드 하나
굿즈 하나에도
내 하루는 축제

BTS 없인 못 사는
아미의 삶

오늘도 나는
행복한 빚을 지고 산다.

겨울 해운대의 밤

찬 바람이
파도 위로 스며들고
다시 불어온 바람이
모래 위 발자국을 지운다

가로등 불빛은
갈 곳 잃은 나를 흔들고
겨울 바다는
금빛 길을 내민다

그러다
바다만 남긴다.

실레마을

금병산 아래
내 고향
'실레마을'에 들어서면
오래된 기억들이
하나둘 등불을 켠다

그 불빛 따라
낯익은 얼굴이
차례로 다가온다.

소양호 뱃터의 기다림

안개 걷힌 소양호가
가까이 다가와
한마디
툭 던지고 물러선다

기다림이란
머무는 게 아니라
마음을 붙드는
또 다른 여행이다.

사랑 잇기

남이섬
메타세쿼이아 길을 걷는다

길 위에서
기억이 달려와
내 손을 잡는다

지난 사랑도
이 순간처럼
가끔은 뜨겁게 살아난다.

안개 낀 의암호

안갯속 다리
가로등 불빛
꿈길처럼 잠시 머문 풍경

안개가 걷히고
그 속에서
웃는 얼굴이 보인다
역시, 나다.

내 고향 춘천

춘천의 호수는
고요히 나를 감싸 안고

잔물결은
사랑을 내민다

그곳에서
나는 당신을 만나고
깊은 사랑을 만나고
마침내 춘천을 만난다.

첫 걸음마

네가 첫 걸음마로
처음 세상을 향해 걷던 날

흔들리는 발끝에
작은 용기가 담겼고

내 품을 향해 다가오는 순간
세상 모든 길이
너를 향해 열리는 걸 알았다

비틀거리던 걸음이
두 배는 커진 발로
굳건히 서 있는 걸 보면

기쁘고 고맙다
내 시선에서
점점 멀어지긴 하지만

나에겐 여전히 네가
꽃고무신 신고
내 품으로 달려오던
그 아이다

사랑한다.

김유정역 플랫폼

플랫폼에
기차는 천천히 들어오고
철로 위 쇳소리
그 옛날 설렘이 닮아 있다

나는
발자국 사이로 스며든
어린 시절 기억을 떠올리며
시간 속에 잠시 머문다

고향의 향기는
내 안에서 피어
다시 기차가 오기를 기다리는
끝나지 않은 이야기.